AF198737

Kuala Lumpur

lieben lernen

Der perfekte Reiseführer für einen unvergesslichen Aufenthalt in Kuala Lumpur inkl. Insider-Tipps und Packliste

Inga Schwill

✈ INHALT

Das erwartet Sie in diesem Buch

Kuala Lumpur ist die Hauptstadt Malaysias und, zu Recht, ein attraktives Reiseziel für Touristen der ganzen Welt. Interessieren Sie sich ebenfalls für einen Städtetrip in die rasant wachsende Millionenmetropole? Oder werden Sie hier einen Aufenthalt auf der Durchreise haben, den Sie gerne länger halten wollen? Fühlen Sie sich von dem umfangreichen Angebot erschlagen, wollen Ihre Zeit vor Ort aber bestmöglich nutzen? Dann ist dieses Buch genau das Richtige für Sie.

Die ersten Kapitel werden Ihnen näherbringen, was Kuala Lumpur so einzigartig macht und wie diese Besonderheiten sich entwickelt haben.

Dass eine solch lebendige Großstadt für Erstankömmlinge erst einmal überwältigend wirkt, ist vollkommen verständlich. Daher wird Ihnen außerdem ein detaillierter Überblick darüber verschafft, welche Vorbereitungen nötig sind und wie Sie sich am besten zurechtfinden werden. So wird unnötiger Stress bei der Ankunft vermieden und Sie können Ihre Reise in vollen Zügen genießen.

Unabhängig davon, ob Sie alleine, als Paar, mit der Familie und mit jüngeren oder älteren Begleitpersonen reisen und unabhängig von Ihrem Budget, werden Ihnen geeignete Optionen vorgestellt. Lassen Sie sich von den verschiedenen Vorschlägen bezüglich der Gestaltung Ihres Aufenthalts inspirieren, um ein unvergessliches Erlebnis zu haben. Vielleicht wird sogar einer der Geheimtipps, abseits der üblichen Touristenpfade, zu dem Ereignis, das Sie auf keinen Fall verpassen möchten.

Am besten lassen sich neue Orte erst am eigenen Leibe lieben lernen. Doch ein unverfälschter Vorgeschmack, wie dieser Reiseführer ihn bietet, befähigt

Sie dazu, sich vollkommen auf die Erfahrungen ein-
zulassen und Orientierungsproblemen oder der
Angst, etwas zu verpassen, keiner Sorge mehr ge-
schuldet zu sein.

Die Wurzeln Kuala Lumpurs

Heutzutage ist "KL", wie es von den "locals" liebevoll genannt wird, vor allem für die unerschöpfliche Vielfalt bekannt. Hier verschmelzen die verschiedensten Kulturen, tropische Natur und atemberaubende Architektur, sowie traditioneller und moderner Lebensstil miteinander. An Gegensätze werden Sie sich schnell gewöhnen und feststellen, dass diese, entgegen allen Erwartungen, in Harmonie miteinander bestehen.

Außerdem ist Malaysia inzwischen nach

Singapur und Brunei der wohlhabendste Staat Süd-ostasiens. Das ist zu großen Anteilen der aufblühen-den Hauptstadt zu verdanken. Dabei war diese vor bloß 160 Jahren nicht mehr als ein dichter Regen-wald. Woher kommt der rasante wirtschaftliche Auf-schwung und wie hat sich die ethnische Diversität manifestiert?

Um die Gegenwart zu verstehen, ist es unum-gänglich, einen Blick in die Vergangenheit zu werfen. Mit diesem Wissen werden Sie die vielen neuen Ein-drücke deutlich besser einordnen können.

Aufgrund der geeigneten Lage zwischen China und Indien, ist Malaysia schon immer ein erfolgrei-cher Handelsumschlagplatz im fernen Osten gewe-sen. Vor allem der Hafen Melakas, eine kleinere Stadt etwa 2 Stunden vom heutigen KL entfernt, zog die verschiedensten Völker an. Unter anderem ließen sich hier indische, chinesische, thailändische, persi-sche und arabische Händler für ihre Geschäfte nie-der. Bereits damals war es erforderlich, andere Reli-gionsgruppen und Nationen zu tolerieren.

1400 entstand das malaiische Königreich von Melaka, in dem hauptsächlich die Glaubensrichtun-gen Hinduismus und Buddhismus vertreten waren.

Als der ursprüngliche Gründer der Hafenstadt 1414 im Rahmen seiner Heirat zum Islam konvertierte, ist dies die offizielle Religion geworden und breitete sich schnell unter den ethnischen Malaien aus.

Gegen Ende des 15. Jahrhunderts eroberten die Portugiesen das Handelsgebiet und haben es im 16. Jahrhundert an die Niederländer abgeben müssen. Dadurch schlugen auch die ersten europäischen Einflüsse, einschließlich des Christentums, ihre Wurzeln.

Bis zu diesem Zeitpunkt, war KL noch nicht einmal entstanden. Alles begann 1857 an dem Ort, an dem der Gombak und der Klang Fluss sich miteinander verbinden. Hier hat auch der Name der Stadt seinen Ursprung, denn "Kuala Lumpur" bedeutet wörtlich übersetzt einfach nur "schlammige Flussmündung". Die Begründer waren chinesische Bergleute, die unter der Führung des malaiischen Rajas Abdullah durch Zinnhandel die ersten wirtschaftlichen Wachstumsschritte des Ortes initiierten. Daraufhin zogen nach und nach mehr Menschen in die neu entstandene Siedlung.

1768 ließen sich das erste Mal die Briten auf der malaiischen Halbinsel nieder und erlangten bis

Mitte des 19. Jahrhunderts die Macht über den Groß-teil aller Gebiete. Unter anderem auch über das noch junge Kuala Lumpur, wohin die Kolonialherrscher 1880 ihren Verwaltungssitz verlegten und welches sie weitere 16 Jahre später zur Hauptstadt des Briti-schen-Malayas ernannten.

Auf diese Weise erlebte KL einen weiteren er-heblichen Fortschritt. Es wurde ein übersichtliches Straßennetz und ein effizientes Rechts- und Verwal-tungssystem errichtet.

Negativ beurteilt wird heute jedoch häufig, dass die Führungskräfte die drei häufigsten Volksgrup-pen gesellschaftlich stark voneinander abgrenzten. Während ethnische Chinesen erst als Zinnarbeiter und später vor allem als Händler beschäftigt waren, wurden vor allem die Inder als unterbezahlte Ar-beitskräfte in der Kautschukproduktion ausgebeu-tet. Die Malaien hingegen blieben vor erst als Land-wirte außerhalb der Städte.

Außerdem haben die Kulturgruppen jeweils ei-gene Schulsysteme betrieben, weiterhin ihre eige-nen Sprachen gesprochen und so mehr nebeneinan-der her als miteinander gelebt.

Ein Gefühl der Zusammengehörigkeit konnte

daraus nicht entstehen. Der Wille nach Unabhängigkeit bahnte sich zwar an, doch statt eines gemeinsamen Nationalbewusstseins entwickelten sich zunehmend von einander isolierte Strömungen dessen.

Während des Pazifischen Krieges wurde das Gebiet 1942 für drei Jahre von Japan besetzt. Diese unterstützten zwar die Nationalideen der Einheimischen, verstärkten die Spannungen zwischen den Ethnizitäten jedoch zusätzlich.

Als die Briten nach der Rückeroberung Vorbereitungen trafen, um Malaya in die Unabhängigkeit zu entlassen, planten sie, den Chinesen und Indern, die seit mehreren Jahren in Malaya lebten oder sogar dort geboren waren, keine Staatsbürgerschaft zuzusprechen. Großer Widerstand mit vielen gewaltsamen Aufständen war die Antwort der Bevölkerung.

Erst am 31. August 1957 hielten die Briten eine endgültige nationale Unabhängigkeit für umsetzbar und riefen den neuen Staat aus, die Föderation Malaya. Kuala Lumpur wurde im selben Jahr zur Bundeshauptstadt und blieb dies auch 1963, während der Vereinigung mit den ostmalaysischen Staaten Sarawak und Sabah, sowie mit Singapur, zur Föderation Malaysia. Aus dieser trat Singapur zwei Jahre später wieder aus, sodass die Grenzen des heute bestehenden Malaysias gezogen wurden.

Die größte Macht hatten von Anfang an die Malaien, doch auch chinesische und indische Parteien hatten Sitze in der Regierung sicher, die ihnen bis heute verblieben sind.

Primär lag der Fokus darauf, ein Staatsmodell zu entwickeln, das ein friedliches Miteinander der ethnischen Gruppen gewährleistet. Außerdem sollten die wirtschaftlich rückständigen Malaien, die größtenteils in den ländlichen Gebieten lebten, gestärkt werden. Sie erhielten verfassungsrechtliche Privilegien, z.B. leichteren Zugang zu Stipendien in höheren Bildungseinrichtungen. Gleichzeitig wurde die malaysische Sprache zur National- und Unterrichtssprache ernannt.

Alle Bevölkerungsgruppen und ihre Ansprüche zu berücksichtigen war keine leichte Herausforderung, die noch viele Unruhen hervorrief. Doch das System stabilisierte sich zunehmend, sodass das Land sich weiterentwickeln konnte.

So durchlebte Kuala Lumpur, vor allem während der Regierungszeit des Premierministers Mahathir Bin Mohamad, 1981 bis 2003 ein bemerkenswertes Wachstum.

Nicht nur setzte er sich für ein harmonisches Zusammenleben und eine tolerante Auslegung des Islams ein, auch schaffte er es, das Land vor der finanziellen Asienkrise zu bewahren und gab den Anstoß zum modernen Stadtbau. Die ersten Hochhäuser und auch der Flughafen und Ausbau des Tourismusgeschäfts sind auf ihn zurückzuführen.

Denn vor knapp 30 Jahren war KL zwar bereits die Hauptstadt, doch genau genommen noch immer bloß eine kleine Stadt zwischen Hügellandschaften. Innerhalb von Rekordzeit hat sich diese in ihrer unvergleichbaren Diversität entfaltet und befindet sich noch immer inmitten ihrer Blütezeit.

Aufblühende Stadt der Gegenwart

Die Vergangenheit hat Kuala Lumpur geprägt und spiegelt sich noch heute an jeder Ecke wider. Zwischen unzähligen, in den Himmel ragenden Hochbauten werden Sie auf Moscheen, buddhistische und hinduistische Tempel und auf Kirchtürme in unmittelbarer Nähe zu einander stoßen. Die Geschichte scheint in Form von Architektur Gestalt anzunehmen. Dieses Bild wird durch die prunkvollen Gebäude aus der Kolonialzeit vervollständigt. Sie werden außerdem viele

Baustellen bemerken, die zeigen, dass die Entwicklung der Stadt noch längst nicht abgeschlossen ist.

Doch was verbirgt sich hinter den Kulissen? Wie geht es der multikulturellen Bevölkerung heute mit der Situation des Zusammenlebens? Hat die Stadt eine eigene Identität entwickelt oder wird sich zunehmend an den westlichen Zeitgeschmack angepasst?

BEVÖLKERUNG, RELIGIONEN UND KULTUR

Mittlerweile leben 1.8 Millionen Menschen in KL. Darunter sind ca. 52% ethnische Chinesen, 39% Malaien und 6% Inder. Die Spannungen zwischen ihnen haben sich gelegt, es herrscht eine friedliche Co-Existenz. Trotz der Harmonie macht es oft den Eindruck, als würden die verschiedenen Bevölkerungsgruppen weiterhin eher in geschlossenen Gemeinschaften als wirklich miteinander leben. Interethnische Ehebündnisse sind beispielsweise noch sehr selten.

Politisch dominiert die muslimisch-malaiische Fraktion und der Islam ist die offizielle Religion des

Landes. Ethnischen Malaien werden weiterhin gewisse Privilegien zugesprochen.

Nach mehreren Korruptionsskandalen des ehemaligen Premierministers Najib Razak wurde 2018 erneut Mahathir Bin Mohamad gewählt.

Obwohl Malaysia eine konstitutionelle Wahlmonarchie ist und es einen König gibt, dessen Amt seit Januar 2019 Abdullah of Pahang besetzt, liegt die größte Regierungsmacht bei dem Premierminister. Das königliche Staatsoberhaupt dient lediglich Repräsentationszwecken der Nation und symbolisiert die Vormachtstellung der Malaien.

Zwar herrscht offiziell Religionsfreiheit, jedoch schreibt das Gesetz allen gebürtigen Malaien vor, dem muslimischen Glauben anzugehören und niemand Andersgläubigen zu heiraten. Eine Abwendung des Islams ist nur schwer umsetzbar. Austretende müssen für zwei Jahre beweisen, dass sie auch durch Umerziehungszentren nicht bekehrt werden können und laufen außerdem Gefahr, in ihren sozialen Kreisen verspottet zu werden.

Sie werden wahrnehmen, dass ein Großteil der Frauen und auch viele junge Mädchen einen Hijab, also ein Kopftuch, tragen, um dem Gebot der

Abschirmung gerecht zu werden. Außerdem werden Sie die Gebetsrufe der Moscheen, die fünf Mal am Tag in allen Stadtteilen ertönen, nicht überhören können.

Der Islam ist zweifellos präsent im Alltag Kuala Lumpurs und wird von vielen seiner Anhänger strikt ausgelebt. Es gibt aber auch, vor allem unter den jüngeren Muslimen in der Hauptstadt, Liberalisierungsbewegungen. Manche bekennen sich eigentlich nur auf dem Papier zu dem Glauben und lösen sich mühsam und vorsichtig von den konservativen Einstellungen ihrer Familien. Diesen zur Liebe halten Sie zwar noch vereinzelte Sitten aufrecht, sind aber gleichzeitig im wilden Nachtleben beim Alkoholkonsum anzutreffen, was eigentlich als "haram" (verboten) gilt.

Der muslimische Glaube ist in Kuala Lumpur zwar dominant, allerdings nicht verdrängend. Auch für die meisten Nicht-Muslime hat Religion einen viel zu hohen Stellenwert im Alltag, als ihnen nicht den Raum zu geben, dies auszuleben. Die vielen Glaubensstätten vor Ort werden Sie nicht nur aufgrund ihrer Architektur beeindrucken, sondern auch mit ihrer stetigen Lebendigkeit. Lassen Sie es sich nicht entgehen, Ihr Wissen über die Weltreligionen praxisnah zu vertiefen.

Vor allem in den farbenfrohen Hindu-Tempeln finden regelmäßig faszinierend schöne Rituale statt, in die Sie Einblick gewinnen können.

Seien Sie einfach respektvoll und freundlich, wenn Sie über interessante Ereignisse stolpern und geben Sie ganz offen zu, dass Sie nicht wissen worum es sich handelt und Sie gerne mehr darüber erfahren würden. Die meisten "locals" sind sehr gastfreundlich und gerne bereit, Ihnen die Traditionen näher zu bringen. Unabhängig davon ob sie selbst einer Religion angehören oder nicht. Daran, dass nicht jeder ihren Glauben teilt, sind die Bewohner KLs schließlich gewohnt.

Denken Sie nur daran sich angemessen zu kleiden oder gegebenenfalls einen Sarong zum Umbinden dabei zu haben, wenn Sie im Rahmen Ihrer Erkundungstouren heilige Stätten betreten wollen. Während die meisten Moscheen einen kostenlosen Verleih von Gewändern mit Kopfbedeckung haben, gilt für den Großteil der Tempel Schuhverbot und die Pflicht, den Körper von Schulterbereich bis Knielänge eingekleidet zu haben.

Die Wahrscheinlichkeit ist darüber hinaus hoch, dass Sie Zeuge einiger Feiertage und Feste während Ihres Aufenthalts in Kuala Lumpur werden. Aufgrund der kulturellen Vielfalt macht es bei Langzeitaufenthalten fast den Anschein, als gäbe es jede Woche etwas in dieser Stadt zu feiern. Vor allem die farbenfrohen Aufmärsche mit Trommelwirbel und Kostümen der chinesischen Buddhisten sorgen für Aufsehen. Auch hier gilt, trauen Sie sich ruhig, die Feiernden anzusprechen, um aus erster Quelle zu lernen, worum es sich bei den Bräuchen handelt.

Die wichtigsten Feiertage in Kuala Lumpur

Gegen Ende Januar/Anfang Februar wird chinesisches Neujahr gefeiert. Viele ethnische Chinesen kehren zu dieser Zeit zurück zu ihren Familien außerhalb von KL. Aber auch in der Hauptstadt steppt wochenlang der Bär. Oder eher gesagt steppen Löwen und Drachen: laute Trommeln geben den Takt für die unterhaltsamen "Lion and Dragon Dances" vor. Meist um den April herum verzichten Muslime für einen Fastenmonat lang, von Sonnenaufgang bis Sonnenuntergang auf Nahrung, Getränke, Rauchen und Sex. Die meisten Restaurants haben während des Ramadans trotzdem geöffnet. Zusätzlich gibt es viele große Basare mit verführerischem Speise- und Getränkeangebot. Muslime, die z.B. aus gesundheitlichen Gründen nicht fasten können, gleichen dies mit der Bereitstellung ihrer Köstlichkeiten aus. Viele Fastende erledigen hier ihre Großeinkäufe, um sich zu den Versammlungen mit Familie und Freunden in der Nähe einer Moschee zu begeben. Gemeinsam wird auf den abendlichen Gebetsruf gewartet, um das Fasten zu brechen. Ein magischer Moment der Dankbarkeit! Zeuge dessen können Sie im Umkreis der Jamek Moschee beim Unabhängigkeitsfeld oder bei dem Markt in Putrajaya werden. Vielleicht gehen Sie sogar so weit, dass Sie ein Selbstexperiment im Urlaub machen und für einen Tag am Ramadan teilnehmen.

Am Hari Merdeka (Independence Day) feiert das ganze Land die gewonnene Unabhängigkeit. Bereits den ganzen August über kann man den Nationalstolz anhand der vielen malaysischen Flaggen in den Straßen erkennen. In der Nacht vom 30. auf den 31. August wird dieser dann durch farbenfrohe Feuerwerke über der Skyline zum Ausdruck gebracht. Diesen können Sie am Unabhängigkeitsfeld oder bei den Petronas Towers mit einem Countdown entgegenfiebern.

Ende Oktober/Anfang November findet für eine Woche das Hindu-Fest Deepavali statt. Es ist auch als "Fest der Lichter" bekannt. Neben vielen Ritualen kennzeichnen in erster Linie die bunten Leuchtdekorationen diese Periode. Es soll den Sieg des Guten über das Böse symbolisieren. Ein authentischer Eindruck lässt sich im Stadtviertel Little India gewinnen, aber auch viele Einkaufszentren sind reichlich geschmückt.

Trotz der raschen Modernisierung strebt Kuala Lumpur keine Nachahmung der Westmächte an, sondern setzt auf den Erhalt und die Integration vorherrschender Lebensgestaltungen. Insbesondere in den nachfolgenden Generationen ist die Tendenz des Wunsches, die interethnischen Grenzen miteinander verschmelzen zu lassen, erkennbar.

KL befindet sich nicht nur ökonomisch noch immer im Aufstieg, sondern steckt gleichzeitig in dem aufregenden Prozess der Identitätsfindung. Das Interesse an Kultur scheint mit dem Wohlstand gewachsen und nicht weniger geworden zu sein! Dies unterstützt die Regierung zum Beispiel durch Förderungen einheimischen Kunstschaffens.

Die Stadt bleibt weiterhin nahrhafter Boden für Diversität und ist wahrscheinlich multikultureller als je zu vor. Neben den drei Hauptbevölkerungsgruppen haben beispielsweise auch arabische, afrikanische, thailändische, koreanische und westliche "Expat" Gemeinschaften hier ein zu Hause gefunden.

SPRACHE

Die offizielle Amtssprache des Landes ist Malaysisch oder "Bahasa Melayu". Sie stammt von der malaiischen Sprache ab und ist eine mehrerer regionalen Abwandlungen dieser.

Beispielsweise in Brunei, Singapur und Indonesien weisen die gesprochenen Sprachen viel Übereinstimmung auf. Die Aneignung eines kleinen Vokabulars könnte Ihnen also sogar über die Landesgrenzen hinweg, und nicht nur in Kuala Lumpur, eine Hilfe sein.

Die meisten Bewohner der bunten Hauptstadt beherrschen Malaysisch entweder als Erst- oder mindestens als Zweitsprache. Doch dem aufmerksamen Besucher wird nicht entgehen, dass darüber hinaus viele weitere Sprachen präsent in den

Straßen sind. Halten Sie Ohren und Augen vor allem für chinesisch, indisch und arabisch gesprochene Dialekte oder Schriftzeichen offen, um ein noch stärkeres Gefühl für die kulturelle Vielfalt zu bekommen.

Sie müssen jedoch nicht besorgt sein, dass Sie sich nicht auf Englisch verständigen und durchfragen können. Dass das Land einst eine britische Kolonie war, ist in diesem Hinblick noch immer bemerkbar. Insbesondere in Kreisen der jüngeren Generation, sowie in Geschäfts- und Bildungseinrichtungen, wird primär auf Englisch kommuniziert. Die Mehrheit der Bevölkerung spricht es fließend und sowohl Straßenschilder als auch Medien, gibt es meistens in englischer Übersetzung. Dies verstärkt die internationale Ausstrahlung, die KL an sich hat, umso mehr.

Es mag vielleicht nicht zwingend nötig sein, Malaysisch zu lernen, um sich in der Metropole zurecht zu finden. Jedoch ist es für Interessierte recht einfach zu lernen. Das Alphabet ist in lateinischen Buchstaben und Grammatik und Satzbau sind unkompliziert. Da viele der heutigen "locals" in Kuala Lumpur sowieso eher eine Mischung aus Englisch und ihrem malaysischen Sprachstil nutzen, haben Anfänger bereits die Chance, in dieses

Kommunikationsphänomen einzusteigen. Die Einheimischen freuen sich in der Regel über Touristen, die wenige Wörter oder Redewendungen im richtigen Kontext benutzen können und erkennen diese als respektvolle Besucher an.

typisch malaySISCH
"*lah*" - Sowohl im malaysischen als auch im englischen Sprachgebrauch wird "lah" ans Ende einer Aussage gehangen, um dieser mehr Ausdruck zu verleihen.

"*boleh*" - Es bedeutet übersetzt "kann", weswegen Ihnen wahrscheinlich auch auffallen wird, wie häufig die Einheimischen das Wort "can" im Englischen benutzen Wenn Sie beispielsweise bei der Essensbestellung gefragt werden ob Sie es scharf haben möchten, würde ein lässiges "boleh, lah!" Ihrem Gegenüber mit Sicherheit ein Lächeln ins Gesicht zaubern.

"*makan makan*" - Wenn die Malaysier zwei Dinge lieben, dann sind es erstens, Essen und zweitens, dasselbe Wort mehrmals hintereinander zu benutzen. "Makan" heißt Essen und bei dem kulinarischen Paradies, das Kuala Lumpur ist, ist es kein Wunder, dass der Begriff hier so oft fällt.

Lust auf mehr? Viele "locals" werden bereit sein, Ihren Wortschatz zu erweitern.

Außerdem gibt es, neben Bahasa-Kursen an Sprachschulen, die Möglichkeit mit der App *Duolingo* kostenlos Indonesisch zu lernen. Dies ähnelt Malaysisch so sehr, dass Sie auch in Kuala Lumpur verstanden werden würden.

KLIMA

Durch Kuala Lumpurs Nähe zum Äquator gibt es die vier Jahreszeiten, wie wir sie kennen, nicht. Das Klima und die Tageslänge weisen kaum erwähnenswerte Veränderungen im Laufe der Monate auf. Meistens ist es gleichbleibend tropisch, heiß und feucht! Trotzdem wird die Wintersaison im Januar und Februar als geeignete Besuchszeit bezeichnet, da die Temperaturen im Durchschnitt minimal kühler sind und es seltener zu Regenfällen kommt.

Die Sonne geht gegen sieben Uhr morgens auf und schenkt gute zwölf Stunden Tageslicht. In der Regel wird es tagsüber bei Temperaturen von 25° bis leicht über 30° Celsius ziemlich heiß. In Kombination mit der hohen Luftfeuchtigkeit werden Sie hier durchaus ins Schwitzen kommen. Unerträglich ist die Hitze zwar nicht, doch vor allem während der Mittagssonne werden Sie dankbar für das Vorhandensein vieler Rastbereiche im Schatten und klimatisierter Räume sein.

Vor allem für Reisende im höheren Alter, Kinder oder bei bekannten Kreislaufschwächen ist es wichtig, regelmäßige Pausen bei der Stadterkundung einzulegen. Geben Sie sich Zeit, sich an das Klima zu gewöhnen, um ihre Reise nicht in Erschöpfung durchziehen zu müssen. Achten Sie auf eine ausreichende Flüssigkeitszufuhr und beugen Sie möglichen Komplikationen mit Kopfbedeckung und Sonnenschutz vor.

Es regnet zwar recht regelmäßig, am häufigsten aber im April und November. Allerdings handelt es sich, im Gegensatz zu anderen Orten in Malaysia, dabei meist um sehr heftige, aber auch nur kurz andauernde Schauer am Nachmittag. Wenn Sie kein Risiko eingehen wollen, dass elektronische Geräte oder ihre Kleidung nass werden, wenn sie nicht rechtzeitig einen Unterschlupf finden, empfiehlt es sich an einen wasserabweisenden Rucksackschutz, eine Regenjacke oder einen Regenschirm zu denken.

Glücklicherweise gibt es, falls es doch einmal zu unerwartet langen Regenperioden mit Gewitter kommen sollte, genügend Indoor-Aktivitäten.

Auch nachts sinken die Temperaturen meist nicht unter 20° Celsius. Hauptsächlich sollten Sie mit luftiger Sommerkleidung im Gepäck nach Kuala Lumpur reisen. Bedenken Sie jedoch, dass etwas zum Überziehen, gerade in Anbetracht der stark gekühlten Einkaufszentren und Zügen, sinnvoll ist, um sich durch die Temperaturschwankungen nicht zu erkälten.

GESUNDHEIT

Mit Sicherheit steigern viele Aspekte der Reiseplanung Ihre Vorfreude mehr als die Auseinandersetzung mit den gesundheitlich verbundenen Risiken. Aber während des Urlaubs platt im Bett liegen, möchte auch niemand. Sich im Voraus zu informieren beugt vor und macht Sie im Fall der Fälle handlungsfähig.

Eine enorme Umstellung für den Körper beginnt bereits mit dem Flug in eine andere Zeitzone. Je nach Normal- oder Sommeruhr in Deutschland, ist Kuala

Lumpur uns zeitlich sechs oder sieben Stunden voraus.

Um einen Jetlag mit Müdigkeitsgefühl und Benommenheit zu vermeiden ist es wichtig, dass Sie ihrem Körper die Möglichkeit geben, anzukommen. Gewöhnen Sie sich möglichst schnell an den neuen Tag-Nacht-Rhythmus, indem Sie es vermeiden, sich bei Tageslicht schlafen zu legen. Gleichermaßen sollten Sie sich, gerade in den ersten Tagen, jedoch auch nicht überfordern und rücksichtsvoll mit ihren Kräften umgehen. So werden Sie während des gesamten Aufenthalts noch ausreichend Energiereserven haben und können jeden Tag in vollen Zügen genießen!

Beschwerden im Magen-Darm-Trakt, vor allem in Form von Durchfall, können durch die veränderte Nahrungsaufnahme eintreten. Dem können Sie auf mehreren Wegen vorbeugen:

• Im Gegensatz zu dem Leitungswasser in Deutschland, sollten Sie das in Kuala Lumpur auf keinen Fall trinken. Es gibt Wasserflaschen in Restaurants und 24-Stunden operierenden Geschäften an jeder Ecke zu kaufen. Falls Sie ihren Plastikverbrauch diesbezüglich jedoch lieber geringhalten möchten, gibt es ebenfalls die Möglichkeit, ihre

Flasche nachzufüllen und wiederzuverwenden. Viele der Unterkünfte oder auch Restaurants haben Spender mit gefiltertem Wasser und in Chinatown gibt es solche Automaten mittlerweile sogar in den Straßen.

- Bedenken Sie, dass das Essen hier oft stark gewürzt und sehr scharf sein kann. Es steht Ihnen immer frei, eine mildere oder unscharfe Variante zu bestellen. Gewöhnen Sie Ihr Verdauungssystem nach und nach an die asiatische Küche.

- Der Hygienestandard in Kuala Lumpur ist zwar nicht mit dem in Deutschland zu vergleichen, im Gegensatz zu anderen asiatischen Orten jedoch sehr hoch. Entgegen den Erwartungen ist es sicher, an Straßenläden zu essen, solange diese keine offensichtlichen Sauberkeitsmängel aufweisen. Verzichten Sie hierbei später am Tag jedoch lieber auf Fleisch und Obst, da dies bereits seit Stunden in der Sonne liegen könnte.

- Wenn es zu spät für präventive Maßnahmen ist, werden Sie dankbar sein, ein Durchfallmittel wie Imodium in Ihrer Reiseapotheke parat zu haben. Zur Not finden Sie dies aber auch in den Apotheken vor Ort.

Mehrere Krankheiten können über Stechmücken übertragen werden. In den Städten Malaysias besteht zum Glück kaum ein Risiko an Malaria zu erkranken. Doch da die Infektion mit dem Dengue-Fieber Virus vorkommt, sollten Sie sich, vor allem bei Ausflügen ins Grüne, sicherheitshalber mit Mosquito-Spray bewaffnen. Einen Impfschutz gibt es leider nicht.

Tropisches Klima stellt einen besseren Nährboden für Keime dar, die wir nicht von zu Hause gewöhnt sind. Deswegen werden einige Impfungen, unter anderem gegen Diphtherie, Tetanus oder Hepatitis A, für Malaysia empfohlen. Die Notwendigkeit dieser hängen allerdings von Reisedauer und -vorhaben ab. Je länger Sie planen, sich in den Tropen aufzuhalten und umso weiter Sie sich in ländliche Gebiete begeben wollen, desto höher ist die Wahrscheinlichkeit, dass eine Impfung durchaus Sinn macht. Ob, und wenn ja, welche Impfungen für ihre Reise nach Kuala Lumpur von Vorteil wären, können Sie am besten individuell mit einem Tropenarzt klären.

Falls Sie Fieber entwickeln, sollten Sie nach spätestens drei Tagen ohne Besserung unbedingt einen

Arzt aufsuchen, um abzuklären ob es sich um eine ernstzunehmende Infektion handelt. Kliniken wie das "Hospital Besar Kuala Lumpur" oder das "Twin Towers Medical Center KLCC" sind zentral und bieten guten medizinischen Versorgungsstandard. Um sich abzusichern, wollen Sie im Voraus möglicherweise über den Abschluss einer Auslandskrankenversicherung nachdenken, auch wenn die grundlegenden Behandlungskosten nicht teuer sind. Es kann immer etwas Unerwartetes passieren.

Bei unerklärlich auftretenden Symptomen nach Ihrer Rückkehr, sollten Sie Ihren Hausarzt aufsuchen. Obwohl die Reise schon Monate zurückliegen mag, ist es wichtig und kann möglicher Weise diagnoseführend sein, zu erwähnen, dass Sie sich in Kuala Lumpur aufgehalten haben.

SICHERHEIT

Erfreulicherweise ist die Kriminalität in Kuala Lumpur, vor allem gegen ausländische Besucher, nicht hoch und weist eine weiterhin sinkende Tendenz auf. Sie sind keinem höheren Risiko als in anderen Metropolen ausgesetzt, Opfer von Überfällen zu werden. Dennoch schadet es nicht, die ein oder andere Vorsichtsmaßnahme zu treffen, vor allem wenn Sie alleine und nachts unterwegs sind. Nehmen Sie nur so viel Bargeld mit, wie nötig. Wenn die mit Scheinen und Karten gefüllte Geldbörse abhandenkommt, würde das eine Menge Stress bedeuten, der sich vermeiden lässt. Taschendiebstähle gehen häufig von vorbeifahrenden Rollerfahrern aus. Tragen Sie ihre Tasche also lieber auf der Seite, die nicht der Straße zugewendet ist. Außerdem ist es ratsam, statt des originalen Reisepasses eine Kopie vorzubereiten, um sich jederzeit ausweisen zu können aber nicht Gefahr zu laufen, dass das wertvolle Dokument verloren geht.

Behalten Sie im Hinterkopf, dass Sie sich in einem stark islamisch geprägten Land befinden, wenn sie in der Öffentlichkeit sind. Auch wenn Kuala Lumpur, im Vergleich zu den restlichen Gebieten

Malaysias, mit steigender Tendenz, liberal ist, gibt es noch immer viele Bewohner mit eher konservativen Einstellungen.

Das gilt zum einen bei Kleidungsstil. Am Ende des Tages ist es jedem selbst überlassen, was er trägt und Sie werden durchaus Frauen in knappen Röcken und weit ausgeschnittenen Oberteilen sehen. Doch wenn Sie sich auch dazu entscheiden, müssen Sie damit rechnen viele gaffende und auch abwertende Blicke einzukassieren. Das kann zu Unwohlsein führen und auch, wenn es warm ist, gibt es genug locker-luftige Kleidungsmöglichkeiten, die Schultern und Oberschenkel verdecken und keine unnötigen Komplikationen provozieren.

Außerdem ist der Austausch von romantischen Zärtlichkeiten außerhalb des privaten Raumes nicht gerne gesehen. Sie können ihren Partner wohl an der Hand halten, von wilden Zungenküssen ist jedoch abzuraten.

Homosexualität ist gesetzlich verboten. In der Hauptstadt entsteht, dank Gruppen mutiger junger Menschen, die beginnen sich für Gleichberechtigung auszusprechen, ein Bewusstsein für die Minderheiten. Dementsprechend trauen sich zunehmend mehr gleichgeschlechtliche Pärchen in KL, anders als in den ländlichen Gebieten, ihre Zuneigung zueinander nicht zu verstecken.

Auch hier gilt, dass Sie einen Mittelweg einschlagen können, der mit ihren eigenen Präferenzen und dem Entgegenbringen von Respekt für die vorherrschenden Regeln, vereinbar ist.

Seien Sie des Weiteren darauf hingewiesen, dass die Todesstrafe für Drogenbesitz- und Handel droht. Lassen Sie auf jeden Fall die Finger davon, wenn Ihnen jemand etwas anbieten sollte. Das Risiko ist es, schlicht und ergreifend, nicht wert.

Was Alkohol angeht, gibt es ein Gesetz gegen Betrunkenheit in der Öffentlichkeit. Auch dies sieht in der Realität Kuala Lumpurs in bestimmten Gegenden zwar vollkommen anders aus, doch vergessen Sie nicht, dass es potentiell Probleme bereiten könnte und Sie sich etwas zurücknehmen sollten.

Falls Sie in einen Notfall geraten sollten, können Sie unter der Nummer 999 Polizei und Krankenwagen erreichen und unter 994 die Feuerwehr. Bei spezifischeren Problemen stehen Ihnen die Touristenpolizei, die Einwanderungsbehörde oder die deutsche Botschaft zur Hilfe.

Basiswissen zur Stadterkundung

ANREISE

Mit einem deutschen Reisepass müssen Sie sich im Voraus nicht wegen der Beantragung eines Visums für Malaysia herumschlagen. Solange Ihr Pass noch mindestens sechs Monate Gültigkeit aufweist, erhalten Sie bei der Einreise einen kostenlosen Stempel, der es Ihnen genehmigt, sich bis zu 90 Tagen im Land aufzuhalten.

Mittlerweile gibt es Direktflüge von Europa nach Kuala Lumpur. Mit einem solchen würden Sie wahrscheinlich am südlich gelegenen Kuala Lumpur International Airport 1 ankommen. Der KLIA2 ist direkt nebenan, hauptsächlich für Billigfluglinien wie AirAsia gedacht und ist mit einem Shuttlebus vom Hauptterminal erreichbar.

Der günstigste Weg ins Stadtzentrum ist es, einen der Busse zu nehmen. Diese verkehren rund um die Uhr halbstündlich. Mit den Firmen Airport Coach, Sky Bus oder Aerobus können Sie für 10RM (ca. 2 Euro) zum Hauptbahnhof KL Sentral fahren, während der Star Shuttle Sie für 12RM (ca. 2,50

Euro) direkt nach Chinatown zur Pudu Sentral Station bringt. Folgen Sie den Ausschilderungen im Flughafen, um zu den Bushaltestellen zu finden. Dann können Sie ihr Ticket direkt beim Fahrer kaufen und sind, je nach Verkehrslage, nach einer guten Stunde im Stadtkern.

Wenn Sie möglichst schnell in ihrer Unterkunft ankommen wollen, nehmen Sie den Expresszug für 55RM (ca. 12 Euro). Dieser befördert sie innerhalb einer halben Stunde zum KL Sentral Hauptbahnhof und ist unter "KLIA Express" ausgeschildert. Tickets können Sie am Bahnsteig an Schaltern oder Automaten erwerben. Die Züge fahren zwischen 5 Uhr morgens und 1 Uhr nachts alle 15 Minuten ab.

Auch wenn die Verkehrsanbindung von KL Sentral aus gut ist, bevorzugen Sie es vielleicht vom Flughafen direkt vor Ihrer vorübergehenden Haustür abgesetzt zu werden. Natürlich können Sie in diesem Fall auch ein Taxi nehmen. Um ungerechte Abzocken zu vermeiden, hat "Airport Limo" Coupons mit Festpreisen von 75RM (ca. 16 Euro), eingeführt. Einen solchen können Sie an den Ständen der Firma erwerben und werden dann zu ihrem Fahrer geführt.

Es besteht auch die Möglichkeit, dass Sie sich ein Taxi mit der Smartphone-App bestellen. Bedenken Sie dabei aber, dass der angezeigte Preis von 65RM (ca. 14 Euro) noch nicht die Gebühren beinhaltet, für die Sie bei den mautpflichtigen Straßen aufkommen werden müssen. Inklusive dieser, können Sie von einem Gesamtpreis von 80RM (ca.17 Euro) rechnen.

Der westlich gelegene Subang International Airport wird ausschließlich von den drei malaysischen Airlines Firefly, Malindo und Berjaya Air angeflogen. Falls Sie hier z.B. aus Singapur ankommen sollten, können Sie die öffentliche Buslinie U81 für den günstigen Tarif von 3RM (ca. 0,60 Euro) zum Central Market (Pasar Seni) oder zum KL Sentral Bahnhof nehmen. Der KTM-Zug zur KL Sentral Station ist nicht nennenswert schneller und kostet 15RM (ca. 3 Euro). Auch hier gibt es die Möglichkeit eines Taxi-Coupons für 36RM (ca. 8 Euro) und die Fahrt ins Zentrum dauert eine halbe Stunde.

Wenn Sie aus eine der umherliegenden Orte Malaysias oder aus einem anderen asiatischen Land anreisen, sind Langstreckenbusse eine umweltfreundlichere und vielleicht auch kostengünstigere Möglichkeit der Anreise nach Kuala Lumpur. Es gibt

mehrere Stationen, an denen Sie ankommen könnten:

- Der TBS (Terminal Bersepadu Selatan) ist der mo-
dernste und größte Busbahnhof. Von hier aus erreichen Sie mit dem LRT- oder KTM-Zugl Ihr Ziel
im Stadtzentrum oder Sie können sich ein Taxi
nehmen. Letzteres sollte ungefähr 20 Minuten in
Anspruch nehmen und über die Grab-App 12 RM
(ca. 2,50 Euro) kosten.

- Unter anderem kommen aus Thailand viele Busse
an der Hentian Duta Station an. Diese ist leider
nicht an öffentliche Verkehrsmittel angebunden,
wodurch Sie auf ein Taxi bzw. ein Grab angewiesen
wären. Die Fahrt ins Zentrum dauert 15 Minuten
und sollte 10RM (ca. 2 Euro) kosten.

- Einen weiteren Ankunftspunkt stellt für viele Rei-
sende die Puduraya (oder auch Pudu Sentral) Sta-
tion dar. Sie ist direkt zwischen Chinatown und
Bukit Bintang. Es ist gut möglich, dass Ihre Unter-
kunft nur noch wenige Gehminuten entfernt ist.
Ansonsten befindet sich die LRT Station Plaza
Rakyat unmittelbar nebenan, um die restliche
Strecke mit dem Zug zu bewältigen.

- Wenige Busunternehmen halten direkt am KL

Sentral Hauptbahnhof, von wo aus Sie im Anschluss jeden beliebigen Zug zu Ihrem Bestimmungsort nehmen können. Hier würden Sie ebenfalls ankommen, wenn Sie mit dem Zug anreisen. Beispielsweise aus Thailand, Singapur oder anderen Städten in Malaysia wie Kota Bharu und Ipoh fahren sowohl tagsüber als auch nachts, Züge nach Kuala Lumpur.

TRANSPORT VOR ORT

Das System des öffentlichen Nahverkehrs in der Stadt ist sehr gut ausgebaut und ermöglicht es Ihnen, zu günstigen Preisen von A nach B zu gelangen. Am besten eignet sich der Schienenverkehr, insbesondere zu den Verkehrsstoßzeiten. Am Morgen und gegen Feierabend können sich lange Staus in den Straßen bilden.

Acht Linien, denen verschiedene Farben zugeordnet sind, bilden das Streckennetz und befahren die wichtigsten Orte Kuala Lumpurs von sechs Uhr morgens bis zwölf Uhr nachts. Es handelt sich um verschiedene Züge, die sich Monorail, LRT, MRT und KTM nennen. Ein spezielles Ticketangebot mit

Gültigkeit über mehrere Tage gibt es nicht. Für jede Fahrt können Sie sich Einzeltickets an den Bahnstationen an Schaltern oder Automaten kaufen. Je nachdem wie weit Sie fahren, kosten diese zwischen 1,50RM (ca. 0,30 Euro) und 4RM (ca. 1 Euro) pro Person. Sie erhalten einen Chip, den Sie am Eingang vor den Scanner halten und am Ausgang in einen Schlitz einwerfen, um die Drehkreuze zu passieren. Bei Langzeitaufenthalten bietet es sich an, dass Sie sich eine "Touch N Go" Karte zulegen, die Sie an den Schaltern aufladen und dann einfach an den Drehkreuzen scannen können.

Zusammen mit der Bahn ist die herkömmlichste Transportmöglichkeit Grab. Dabei handelt es sich um eine Smartphone-App, die das Bestellen eines Taxis zuverlässig und komfortabel macht. Diese und ähnliche Firmen (z.B. dacsee und mycar) verdrängen die herkömmlichen Taxigesellschaften in Kuala Lumpur zunehmend. Sie sind günstiger, sicher und immer abrufbereit. Falls Sie doch eins der gewöhnlichen Taxen nehmen achten Sie darauf, dass ein Taximeter benutzt wird, um miese Abzocken zu vermeiden.

Wie funktioniert die taxialternative grab?

1. Installieren Sie die Grab App kostenlos auf Ihrem Smartphone und melden Sie sich über Facebook-/Google-Account oder über Ihre Handynummer an.

2. Schalten Sie die Standorterkennung Ihres Handys ein.

3. Geben Sie Ihr Ziel an und ändern Sie die Größe des Fahrzeugs, wenn Sie mit mehr als vier Personen fahren wollen oder große Gepäckstücke dabeihaben.

4. Der Preis wird Ihnen angezeigt. Wählen Sie aus, ob Sie nach der Fahrt in bar bezahlen wollen oder verbinden Sie ihre Kreditkarte ohne Zusatzgebühren mit der App, um es noch bequemer zu haben.

5. Nach der Buchung nimmt einer der Fahrer in Ihrer Nähe die Anfrage meist in Sekundenschnelle an und macht sich auf den Weg zu Ihnen. Dies können Sie auf der Karte verflogen und bei Bedarf mit dem Fahrer chatten oder telefonieren.

6. Halten Sie Ausschau nach dem Auto, dessen Kennzeichen, Marke und Farbe Ihnen die Fahrerbeschreibung verrät.

7. Lassen Sie sich zu Ihrem Zielort fahren und sich bestenfalls noch in ein nettes Gespräch verwickeln.

Viele der Fahrer kennen Sich ausgezeichnet in der Stadt aus, sodass sich mit Sicherheit die ein oder andere Insider-Empfehlung entlocken lässt.

Grab ist wirklich sicher und mit einer Notruffunktion ausgestattet, die Sie während jeder Fahrt betätigen könnten. Auch bei Verlusten können Sie im "Help Center" über das Unterthema "Lost and Found" Hilfe einfordern. Mit jeder Fahrt sammeln Sie Punkte, die Ihnen nach ausreichender Ansammlung, ein paar Ringgits bei zukünftigen Fahrten einsparen.Allerdings ist eine Internetverbindung nötig, um Grab zu nutzen. In jedem 7-Eleven können Sie für ca. 15RM (ca. 3 Euro) Sim-Karten kaufen und mit Guthaben aufladen.

Die besten Anbieter sind Digi, Maxis und Celcom. Innerhalb des Stadtzentrums können Sie sich komplett kostenfrei mit dem Go KL City Bus fortbewegen. Vier Linien befahren in 15-minütigen oder sogar kürzeren Abständen die wichtigen Sehenswürdigkeiten und Einkaufszentren. Dies kann zwar je nach Verkehrslage und notwendigen Umstiegen etwas mehr Zeit in Anspruch nehmen als die Bahn, kostet aber keinen Cent. Im Internet können Sie die Routen und Haltestationen einsehen. Vor Ort halten

Sie Ausschau nach den lilafarbenen Bussen mit der "Go KL City Bus"-Aufschrift. Alle Fahrzeuge sind übrigens auch für Rollstuhlfahrer ausgerichtet und sind mit WLAN und Klimaanlagen ausgestattet. Sie operieren montags bis donnerstags von sechs Uhr morgens bis elf Uhr abends, freitags und samstags von sechs Uhr morgens nachts um eins und sonntags von sieben Uhr morgens bis elf Uhr abends.

Für ungefähr 100RM (ca. 22 Euro) pro Tag können Sie sich ein Auto bei Firmen wie Avis, Sixt oder Hertz mieten. Jedoch werden Sie einen internationalen Führerschein benötigen und sich dem teilweise sehr nervenaufreibenden Verkehr der Großstadt stellen. Dazu kommt noch, dass der Linksverkehr Verwirrung stiften kann und Parkgelegenheiten selten und teuer sind.

UNTERKUNFT

Die Auswahl an Unterkünften in Kuala Lumpur ist unerschöpflich und reicht von den typischen Backpacker-Bleiben über simple Privatzimmer, bis zu Luxushotels mit Pools, die die Stadt überblicken.

Die meisten Budget-Varianten sind in Chinatown oder Bukit Bintang. Ein wirklich zu empfehlendes Schnäppchen, das Ihnen nicht vorenthalten werden soll, ist das Illuminate Boutique Hostel, gleich neben einer Bahnstation. Das stilvolle und zugleich günstige Hostel hat eine unvergleichliche Atmosphäre. Für gerade mal 36RM (ca. 7 Euro) pro Nacht können Sie ein Bett in einem der gemütlichen Schlafsäle, die ungewöhnlicher Weise eigene Badezimmer haben, buchen. Simple Privatzimmer gibt es ab 60RM (ca. 13 Euro) in verschiedenen Größen. Ein abwechslungsreiches Frühstück ist inbegriffen und außerdem gibt es im Café im Untergeschoss sonntags einen köstlichen Brunch. Die Mitarbeiter sind herausragend bemüht darum, dass sich jeder hier wohl fühlt. Es werden Ausflüge und Führungen auf Spendenbasis, sowie Veranstaltungsabende mit Live Musik oder gemeinsamen Grillen organisiert. Es ist die perfekte Gelegenheit, neue Freundschaften zu schließen, wenn Sie alleine reisen, aber auch Familien und Gruppen sind hier willkommen und Teil des Geschehens. Illuminate ist nicht nur eine Unterkunft, es ist eine Erfahrung für sich!

Die teureren Varianten befinden sich hauptsächlich in der KLCC Umgebung. Zu den bekannten Hotelketten wie Four Seasons und Hilton, stellt beispielsweise das D´Majestic mit Zimmern für 120RM (ca. 26 Euro) pro Nacht eine bezahlbare Alternative dar, die gleichzeitig Luxus bietet.

Auf Airbnb können Sie außerdem gesamte Wohnungen finden, was sich vor allem anbietet, wenn Sie gerne selber kochen möchten.

Eine weitere Option für die Sparfüchse unter Ihnen, die in Kuala Lumpur ausgezeichnet funktioniert, ist Couchsurfing. Über die App können Sie in der Stadt lebende Gastgeber finden, die Ihnen nicht nur einen kostenlosen Schlafplatz zur Verfügung stellen, sondern meist auch bereit sind, gemeinsam um die Häuser zu ziehen und Ihnen die besten Geheimverstecke der Umgebung zu zeigen.

Aktivitäten & Sehenswürdigkeiten

Die Stadtteile Kuala Lumpurs haben alle einen ganz eigenen Charakter und könnten unterschiedlicher nicht sein. Während manche Gegenden Wohlstand ausstrahlen und den modernen Zeitgeist der Hauptstadt wiederspiegeln, werden angrenzende Viertel auf den ersten Blick einen herunter gekommenen Eindruck auf Sie machen. Doch auch diese haben ihren Charme und so wird jeder Tag zu einem neuen Erlebnis. Das ist es schließlich, was KL ausmacht.

CHINATOWN

Chinatown ist das Viertel, aus dem die Hauptstadt einst entstand. Heute strahlt die Vielfältigkeit Kuala Lumpurs dank bunter Tempel, hippen Vintage-Cafés, Unmengen an Souvenirständen und köstlichen Essensangeboten, in Farbenreichtum. Die Straßen scheinen zu jeder Tages- und Nachtzeit mit Menschen und Überraschungen gefüllt zu sein und strahlen eine ansteckende Dynamik aus.

Hauptort des Geschehens ist die Petaling Street. Von neun Uhr morgens bis elf Uhr abends verwandeln sich die Gassen in ein Shopping Paradies für jedermann. Es gibt alles, was das Herz begehrt, von Fußballtrikots, über Parfum, bis zu elektronischen Geräten, zu Handelspreisen.

Seien Sie ruhig mutig beim Ansetzen Ihres Preises. Die Verkäufer lassen sich, vor allem bei lächelnden Menschen, gerne auf Verhandlungen ein.

Haben Sie Lust auf eine Erinnerung an Ihren Trip, die Sie nie wieder loswerden? Auch kein Problem! Viele Tattoo-Künstler treiben hier ihr Unwesen und verzieren die Haut der Touristen unter hygienischen Bedingungen für gerade mal 100 RM (ca. 22 Euro).

Probieren Sie unbedingt auch den ein oder anderen Street Food Stand aus, bei denen für jeden Geschmack etwas dabei ist. Es gibt Fleisch- und Gemüsespieße für den Snack zwischendurch und eine Bandbreite authentisch asiatischer Gerichte.

Wenn Sie eine Abkühlung gebrauchen können, haben sie die Auswahl zwischen einer frischen Kokosnuss, exotischen Eissorten im Vintage 1989 Café oder, um es auf die typisch malaysische Art zu machen, ABC Special. Hierbei handelt es sich um geraspeltes Eis, das mit Sirup gesüßt wird. Toppings wie Jellybeans, Obst oder Maiskörner werden in den wirrsten Kombinationen hinzugefügt und irgendwie schmeckt es am Ende trotzdem lecker.

Vergessen Sie bei all dem Trubel nicht, dass Chinatown ebenfalls die Heimat von viel Geschichte und Kultur ist. Nehmen Sie sich Zeit durch die Straßen um den Kommerz herum treiben zu lassen. Neben den vielen chinesischen Tempeln sticht vor allem der älteste Hindu Tempel Kuala Lumpurs "Sri Mahamariamman" heraus.

Tagsüber mag es Ihnen nicht unbedingt auffallen, aber das Stadtviertel hat außerdem ein lebendiges Nachtleben. Viele der Bars werden als "Hidden

Bars" bezeichnet und sind sowohl bei Touristen als auch bei "locals" beliebt. Oft befinden sie sich versteckt in oberen Geschossen und haben stilvolle Innendesigns und Cocktails.

Ein gutes Beispiel ist die Attic Bar über dem Travelhub Guesthouse, die sogar eine ausgezeichnete Küche und eine Terrasse mit Blick auf die Petronas Tower hat.

Falls Sie alleine reisen und Anschluss finden wollen, um die weiteren versteckten Bars ausfindig zu machen, empfiehlt sich die Reggae Bar, in der jeden Abend Backpacker der ganzen Welt miteinander Pool spielen und sich austauschen.

Einen guten Ausgangspunkt zur Erkundung Chinatowns bietet die LRT-/MRT-Zugstation Pasar Seni oder der gleichnamige Bussammelpunkt, von dem auch der kostenlose Go KL City Bus fährt.

"Pasar Seni" bedeutet übersetzt Kunstmarkt. Bekannter unter "Central Market", befindet sich dieser ebenfalls in unmittelbarer Nähe. Ein zweistöckiges Gebäude mit Klimaanlage und der Außenbereich namens "Katsuri Walk", bieten noch mehr Auswahl an Souvenirs und Essensmöglichkeiten.

DAS HERZ KUALA LUMPURS

Wie Sie bereits im Kapitel der Stadtentwicklung erfahren haben, hat alles seinen Ursprung an der "schlammigen Flussmündung". Dass am heutigen "River of Life" einst ein tropischer Urwald gewesen sein soll, ist unvorstellbar. Doch die Umgebung ist noch immer idyllisch und eignet sich, mit vielen Sehenswürdigkeiten in unmittelbarer Nähe zueinander, perfekt für einen Spaziergang.

Vor allem wenn die Dämmerung anbricht und der Fluss mit Dämpfen und Lichtern verziert wird, herrscht eine romantische Stimmung, um den Abend ausklingen zu lassen.

Genau dort, wo sich der Klang- und Gombak-Fluss treffen, wurde 1909 die Jamek Moschee erbaut und ist somit eine der ältesten Moscheen der Stadt. Sie könnten mit dem Zug zu der Station "Masjid Jamek" fahren und hier starten. Außerdem sind es vom Central Market (Pasar Seni) nur fünf Minuten Fußweg. Außerhalb der Gebetszeiten ist es Nicht-Muslimen gestattet, die märchenhafte Architektur von innen zu begutachten. Sowohl der Eintritt als auch das Ausleihen von angemessener Kleidung, sind umsonst.

Ebenfalls am River of Life gelegen und zu der verzaubernden Gesamtatmosphäre beitragend, ist das Sultan Abdul Samad Gebäude. Den eindrucksvollen Glockenturm werden Sie nicht übersehen können. Wo einst die britische Kolonialadministration stattfand, haben heute die obersten Gerichte des Landes ihren Sitz. Auf der Flussseite hat das Gebäude eine Art Innenhof mit grünem Garten, der sich ausgezeichnet für schöne Fotos oder eine Verschnaufpause eignet.

Auf der gegenüberliegenden Seite befindet sich das Unabhängigkeitsfeld oder *Dataran Merdeka* (dataran = Viereck, Merdeka = Unabhängigkeit). Zu Kolonialzeiten diente die große Graswiese als Cricket-Feld. Doch am 31.August 1957 wurde hier das erste Mal die malaysische Nationalflagge gehisst, als das Land ihre hart erkämpfte Unabhängigkeit erlangte. Stellen Sie sich vor, wie der ganze Platz an diesem Tag mit der stolzen Bevölkerung einer Nation gefüllt war, wenn Sie auf den einst höchsten Fahnenmast der Welt hinaufblicken.

Wenn Sie mehr über dieses emotionale Ereignis und die Geschichte Kuala Lumpurs erfahren möchten, gibt es direkt nebenan auf spielerische und kostenfreie Art die Möglichkeit in der *KL City Gallery*. Das kleine Museum ist informativ aber nimmt nicht zu viel Zeit in Anspruch und erlaubt es Ihnen, sich der Sonne für eine Weile zu entziehen.

KUALA LUMPUR CITY CENTER

Man könnte die Petronas Twin Towers als das Wahrzeichen der Stadt bezeichnen. Die meisten bringen diese unmittelbar mit Kuala Lumpur in Verbindung, so imposant ragen ihre 450 Meter in der Skyline heraus. Bis 2004 galten sie als das höchste Gebäude der Welt und aktuell gibt es keine größeren Zwillingstürme. Die durch eine Brücke miteinander verbundenen Hochhäuser werden hauptsächlich als Büros für den Öl-Konzern Petronas genutzt.

Dank des kostenlosen Busses ist die Haupttouristenattraktion leicht zu erreichen. In den untersten Stockwerken befinden sich außerdem die LRT-Station KLCC und eines Kuala Lumpurs riesigen Einkaufszentren. Das Suria KLCC ist vor allem das zu Hause schicker Designerläden.

Sie können zwar für ca. 80RM (ca. 17 Euro) auf die Brücke oder das 86. Stockwerk hinauf, werden das prägnante Merkmal der Skyline selbst dann jedoch nicht in Ihrer Aussicht haben.

Wenn Sie die Türme in Ihrem Blickwinkel inbegriffen wünschen, gibt es einige schicke Rooftop Bars, die genau dies ermöglichen. Der Eintritt ist frei, jedoch werden Sie sich etwas bestellen müssen.

Unweit von den Türmen selbst ist beispielsweise die Sky Bar mit einem Indoor Pool. Mittwochs gibt es von sechs bis elf Uhr abends beliebig viele Cocktails umsonst für alle weiblichen Gäste.

Einen Tag später feiert die noch beliebtere Heli Lounge Bar neben der Raja Chulan Station ebenfalls "Ladies Night" von neun bis zwölf Uhr abends. Hier können Sie nicht nur durch Fensterscheiben hindurch, sondern von einem Outdoor Hubschrauberlandeplatz, auf die KL Skyline in' alle Richtungen staunen. Vor allem während Sonnenuntergängen sind die Drinks hier ein wahrer Genuss, allerdings sollten Sie gegebenenfalls im Voraus reservieren.

Da die beiden Bars unter gehobenem Ambiente geführt werden, sind übrigens keine Flip-Flops erlaubt.

Lassen Sie sich auf keinen Fall den gelegenen KLCC Park, auf der Hinterseite der Wolkenkratzer gelegen, entgehen. Die Grünanlage lädt mit Blick auf die Petronas Towers zum Verweilen ein und hat sogar ein kleines Schwimmbecken für Kinder. Wie dem Rest der Umgebung gleich, ist es hier auffallend sauber. Vor allem am Abend lohnt sich ein Besuch, da täglich ab acht Uhr eine kostenlose Licht- und Wassershow stattfindet. Außerdem finden viele die Türme am dunklen Abendhimmel sogar noch beeindruckender als bei Tageslicht.

Kuala Lumpur ist zwar nicht am Meer gelegen, hat sich aber seinen ganz eigenen Ozean im Stadtzentrum errichtet. Das "Aquaria KLCC" beherbergt über 150 Arten der Unterwasserwelt, die Sie in dem Tunnel durch das riesige Aquarium aus unmittelbarer Nähe bestaunen dürfen. Von zehn Uhr morgens bis acht Uhr abends können Sie diese unvergessliche Erfahrung, für 64RM (ca. 14 Euro) als Erwachsener und für 53RM (ca. 12 Euro) pro Kind, machen. Montags, mittwochs und samstags um drei Uhr nachmittags, haben Sie sogar die Möglichkeit zuzusehen, wie die Haie gefüttert werden.

Ebenfalls nur eine kurze Gehstrecke von den Petronas Towers entfernt ist das "Tourism Centre" oder auch "Matic". Jeden Tag wird hier, ebenfalls um drei Uhr nachmittags, eine kostenlose Kulturtanz-Show geboten. Des Weiteren können Sie für läppische 10RM (ca. 2 Euro) die Technik der typisch malaysischen Batik-Malerei lernen.

BUKIT BINTANG

Für das ultimative Großstadtgefühl schlendern Sie durch die Straßen Bukit Bintangs. Wenn Sie aus der gleichnamigen MRT-/Monorail-Station kommen, sind Sie bereits mitten im Geschehen. Auch hier macht der kostenlose Bus Halt. Die vielen Unterhaltungsangebote ziehen vor allem die jüngere Generation Kuala Lumpurs an, ob einheimisch, dazu gezogen oder auf der Durchreise.

Für Shopping-Begeisterte ist Bukit Bintang ein echtes Paradies. Unzählige Einkaufszentren befinden sich auf einem Fleck. Der Pavillon ist von weitem durch seine funkelnde Nachtbeleuchtung erkennbar und in der größten Shopping Mall Südostasiens, dem Berjaya Times Square, können Sie sogar einen Kinofilm auf Englisch schauen, sich beim Bowling verausgaben oder Ihren Kindern eine Freude mit dem Besuch im Indoor-Vergnügungspark machen.

Falls Sie nach elektronischen Geräten Ausschau halten oder eines repariert bekommen müssen, werden Sie mit hoher Wahrscheinlichkeit in der Plaza Low Yat erfolgreich sein.

Auch für ein kulinarisches Erlebnis eignet sich das moderne Stadtviertel. Wenn Sie Abwechslung von der asiatischen Küche gebrauchen können, suchen Sie eins der vielen arabischen Restaurants für leckere Falafel- und Hummus-Gerichte auf.

Die Jalan Alor, einer Straße mit Restaurants und Essensständen soweit das Auge reicht, lässt jedes Feinschmecker-Herz höherschlagen. Neben den typischen malaysischen und chinesischen Speisen, sind hier beispielsweise auch thailändisch und vietnamesisch orientierte Läden vertreten.

Wenn Sie einen unbekannten, fauligen Geruch vernehmen, stammt dieser wahrscheinlich von den dornigen Früchten, die hier verkauft werden. Durians sind trotz, oder vielleicht gerade wegen ihres außergewöhnlichen Geruchs, die bekannteste Obstart Malaysias. Das Fruchtfleisch ist extrem nährstoffreich, weswegen vor allem viele Vegetarier Gefallen daran finden. Die Meinungen gehen stark auseinander, da sowohl Konsistenz als auch Geschmack ungewohnt sind. Hier haben Sie die perfekte Gelegenheit herauszufinden, auf welcher Seite Sie stehen. Die auf der Jalan Alor verkauften Durians gelten als hochwertig und es gibt außerdem mildere Optionen wie frittierte Durian oder Eissorten.

Sowohl am Wochenende als auch unter der Woche tobt die Partyszene der Stadt wenige Meter weiter, auf der Jalan Changkat. Bars und Clubs reihen sich im wahrsten Sinne des Wortes die gesamte Straße entlang aneinander. Ideal um den Abend ausklingen zu lassen und das lustige Getümmel zu beobachten oder selbst darin einzutauchen und das Tanzbein zu schwingen!

Alle weiblichen Besucher haben wieder den Vorteil, dass, egal an welchem Wochentag, mindestens eine der Bars "Ladies Night" veranstaltet. Bei dieser Aktion sind ausgewählte Cocktails für Frauen die ganze Nacht lang frei Haus! Fragen Sie die Mitarbeiter der Bars, die versuchen, die Kunden anzulocken, einfach ganz direkt nach der "Ladies Night". Vor allem die "Rockaway Bar" ist hierbei sehr spendabel. Sobald die Stimmung stimmt, trifft sich der Großteil der aufgeheiterten Masse bis drei Uhr zum Tanzen im "Havana" wieder.

Wenn Sie danach immer noch nicht genug haben oder stillvollere Nachtclubs suchen, können Sie sich mit dem Grab-Promotion-Code "GOTREC" der Grab-Applikation umsonst ein Taxi zur angesagtesten Partymeile der Stadt nehmen. Hier geht das Feiern noch bis in die Morgenstunden weiter. Für einen einzigartigen Flair schauen Sie bei der "Iron Faries" Bar vorbei. Die Inneneinrichtung wird dem Namen auf jeden Fall gerecht. Sie werden sich fühlen, als würden Sie einen Märchenwald betreten und können sich mit leckeren Cocktails, die an Donnerstagen mal wieder umsonst für alle Damen sind, verzaubern lassen.

LITTLE INDIA

Südlich vom Hauptbahnhof KL Sentral wartet das Stadtviertel Brickfields darauf, Sie für eine Weile in das Leben und die Kultur Indiens zu entführen. Seit Generationen hat die indische und bangladeshi Community hier ihr Zuhause. Mittlerweile ist die Gegend ein unter "Little India" bekannter Touristen-Hotspot geworden und einen Besuch alle Male wert. Lassen Sie sich von Bollywood Musik und dem Geruch indischer Gerichte in diese andere Welt versetzen, wenn Sie die Straßen, um die Hauptstraße "Jalan Tun Sambanthan" herum, auf sich wirken lassen. Es werden viele typische Güter wie Kleidung, Schmuck, Gewürze und Blumengirlanden verkauft und sogar Henna Tattoos angeboten.

Die Auswahl an authentisch indischen Essen ist massig, doch eins der beliebtesten Restaurants ist das Vishal Food & Catering. Für eine einzigartige kulinarische Erfahrung bestellen Sie das traditionelle "Banana Leaf". Reis, verschiedenes Gemüse, Curry und Cracker werden auf einem Bananenblatt serviert und können in der Regel beliebig oft nachgefüllt werden. Meist handelt es sich um vegetarische und scharfe Gerichte. Scheuen Sie aber nicht davor zurück, Ihre gewünschte Variation zu kommunizieren. Ursprünglich wird vom Banana Leaf mit den Händen gegessen, doch wenn Sie sich dabei unwohl fühlen, ist es auch völlig gewöhnlich, nach Besteck zu fragen. Wenn Ihnen das zu ausgefallen ist, sind Sie mit einem der vielen verschiedenen Brote, z.B. Naan oder Chapatti, auf der sicheren Seite.

PERDANA BOTANICAL GARDENS

Wenn Sie eine Auszeit vom turbulenten Stadtleben benötigen, sind die Botanischen Gärten im westlichen Zentrum Kuala Lumpurs eine hervorragende Gelegenheit, Ihre Kräfte wieder aufzutanken.

Die Lake Gardens bieten eine echte Oase für Erholung und kosten noch nicht einmal Eintritt.

Vor allem in den Morgen- und Abendstunden trudeln viele der Einheimischen hier ein, um zu joggen oder anderen sportlichen Aktivitäten nachzugehen. Am Nachmittag gibt es auch viele Familien zu sehen, die sich Zeit zum Fußballspielen oder einfach zur Erholung nehmen.

Wenn Sie mit Kindern unterwegs sind, sollten Sie unbedingt einen Abstecher zu dem Spielplatz machen, an dem sich so richtig ausgetobt werden kann. Es gibt auch einen kleinen Laden mit Snacks und Getränken, falls dabei Hunger und Durst aufkommen.

Die bunt bewachsenen Hügellandschaften eignen sich außerdem perfekt für ein Picknick in der Natur. Sie können es sich entweder an den Holztischen- und Bänken oder mit ihrer eigenen Decke auf den grünen Wiesen gemütlich machen.

Die Parkanlage lässt sich am besten zu Fuß erkunden, doch es gibt vormittags, mit Ausnahme von
Freitagen, auch Shuttle Busse, falls Sie sich die Wan-
derung in der Hitze nicht zumuten wollen. Diese kosten 20RM (ca. 4 Euro) für Kinder und 50RM (ca. 10
Euro) für Erwachsene.

Wenn sie die MRT zu der Station Muzium Negara
nehmen, kommen Sie direkt beim National-
museum an. Dieses liegt neben einem der Hauptein-
gänge des Botanischen Gartens. Sie könnten ihren
Ausflug also auch super mit Input über Malaysias Geschichte und Kultur verbinden. Der Eintritt kostet
gerade mal 5RM (ca. 1 Euro) und stellt in vier Gale-
rien sehr ausführlich dar, wie sich das Land unter
den vielen verschiedenen Einflüssen bis heute entwickelt hat.

Dem Hauptpark Lake Gardens sind außerdem
kleinere Komplexe angeschlossen, die sich der Tier-
und Pflanzenwelt widmen. Die Folgenden sind täglich von neun Uhr morgens bis sechs Uhr abends geöffnet.

• Im Deer Park können Sie, ebenfalls umsonst, sü-
ßen Rehen im Wildtiergehege näherkommen.

• Der Butterfly Park ist weltweit der größte seiner

Art. Über 5.000 außergewöhnliche Schmetterlinge fliegen durch die schöne Umgebung, die sie sich mit Fischen, Schildkröten und weiteren Insekten teilen. Erwachsene zahlen 25RM (ca. 5 Euro) und Kinder 13RM (ca. 3Euro) Eintritt.

- Über 200 verschiedene Vogelarten, von denen 90% malaysisch sind, sind im Bird Park zu Hause und locken täglich Unmengen von Besucher an. Der große Vorteil, im Gegensatz zu anderen Vogelparks, ist hier das Konzept des freien Flugs. Schon das alleinige Beobachten der Strauße, Nashornvögel, Habichtsadler usw. ist spannend. Doch es werden ebenfalls Shows und die Möglichkeit, im Aufzuchtraum zu sehen, wie Hühnereier künstlich ausgebrütet werden, geboten. Der Eintritt ist hier mit 63RM (ca. 14 Euro) und 42RM (ca. 9 Euro) für Kinder etwas höher.

- Der Hibiscus Garden und der Orchid Garden sind dagegen wieder umsonst und dennoch wunderschön. Der frische Duft der Blumen wird Ihnen in die Nase steigen, während Sie auf die Skyline Kuala Lumpurs blicken und vielleicht sogar auf den ein oder anderen Affen treffen.

NATIONALMOSCHEE

Von dem Ausgang der Lake Gardens in Richtung Bird Park sind es nur wenige Gehminuten bis zur Nationalmoschee. Sie können diese außerdem mit der roten Linie des kostenlosen Go KL Busses von KL Sentral erreichen und an der Station "Masjid Negara" aussteigen.

Vor allem während des Sonnenuntergangs sorgt die, eher am modernen Baustil orientierte, Glaubensstätte mit ihrer gigantischen Größe für Bewunderung. Wie üblich dürfen Sie als Nicht-Muslim nur außerhalb der Gebetszeiten einen Blick nach innen werfen. Eintritt und das Ausleihen von angemessener Kleidung erfolgen umsonst.

Wenn Ihre Neugierde auf den Islam geweckt worden ist, können Sie diese im Islamic Museum of Arts stillen. Für 14RM (ca. 3 Euro) und ohne Eintrittsgebühr für Kinder unter sechs Jahren, erfahren Sie, wie die Religion sich in Südostasien verbreitet hat und können die exquisiten Kunstwerke unter die Lupe nehmen. Von halb zehn Uhr morgens bis sechs Uhr abends stehen die Türen, nur wenige Meter von der Nationalmoschee entfernt, für Besucher offen.

ECO FOREST

Einen weiteren Rückzugsort für Naturliebhaber stellt das Bukit Nanas Forest Reservat dar. Im Gegensatz zu den sauber gepflegten botanischen Gärten, entfaltet sich hier eine unberührte Dschungel-Landschaft inmitten der Großstadt. Es gibt verschiedene Wanderpfade, die Sie durch die tropische Wildnis führen, wobei das Highlight die Hängebrücke in den Höhen der Bäume ist. Der Kontrast zwischen Hochhäusern und dichtem Grün, in dem sich Affen entlang hangeln, ist eine einmalige Erfahrung, die auch noch völlig umsonst ist. Festes Schuhwerk ist nicht zwingend nötig, bietet sich aber an.

Die Öffnungszeiten sind von sieben Uhr morgens bis sieben Uhr abends. Am schlausten wäre es, die heißen Mittagsstunden zu vermeiden und eher am Vormittag zu kommen.

Für echte Abenteurer gibt es sogar einen Campingplatz, um die Zelte aufzuschlagen und eine Nacht im Dschungel zu verbringen. Dies ist allerdings nur mit Genehmigung erlaubt, die Sie sich vorher beim Haupteingang einholen müssen.

Um zum Kuala Lumpur Eco Forest zu gelangen, können Sie am besten mit der Monorail bis zur

Station "Bukit Nanas" fahren. Halten Sie sich links, um nach wenigen Metern den ersten der vielen Eingänge zu nehmen. Eine Alternative bietet die Go KL Bus Station "KL Tower".

Bei Interesse an dem 420 Meter hohen Turm können Sie den Ausschilderungen im Wald zum Ausgang am KL Tower folgen und diesem auch noch einen Besuch abstatten. Abhängig davon, in welcher Höhe Sie die atemberaubende Sicht auf Kuala Lumpur genießen wollen, zahlen Sie 50RM (ca. 11 Euro) oder 100RM (ca.22 Euro) und 20RM (ca. 4 Euro) bis zu 50RM (ca. 11 Euro) für Kinder. Zusätzlich zu den Aussichtsplattformen gibt es außerdem das Restaurant "Atmosphere 360" mit rundum Blick auf die Stadt und Essen in gehobenerem Ambiente.

BATU HÖHLEN

Nördlich außerhalb des Stadtzentrums befinden sich die heiligen "Batu Caves". Dies sind riesige Kalksteinfelsen in deren Höhlen mehrere hinduistische Tempel zu finden sind. Viele gläubige Hindus pilgern hier her und feiern religiöse Feste.

Obwohl die Anreise mit dem KTM-Commuter Zug bis zu der, den Höhlen gleichnamigen, Endstation eine gute halbe Stunde in Anspruch nimmt, sind sie eine der populärsten Touristenattraktionen überhaupt. Einen halben Tag für Anreise und Besichtigung einzuplanen, ist realistisch.

Wenn Sie die Massen umgehen wollen, kommen Sie am besten am frühen Morgen oder späten Abend. Das kommt Ihnen sicherlich auch bei dem Aufstieg der 270 bunten Treppenstufen zu Gute. Hier treibt ein Haufen frecher Affen ihr Unwesen, die Ihnen garantiert an den Hals fallen werden, wenn Sie Essen im Rucksack mit sich tragen. Dies also besser vermeiden.

Seien Sie außerdem darauf hingewiesen, dass es die linke Treppe zum Aufstieg und die rechte zum Abstieg zu nutzen gilt. Die beiden mittleren sind ausschließlich für Glaubensanhänger.

Der Eintritt in den Hauptbereich, der von der gigantischen Goldstatue überschaut wird, ist umsonst. Für 3RM (ca. 1 Euro) können Sie sich Sarongs ausleihen, da Sie als Frau ihre Knie bedeckt haben müssen.

Für den Eintritt in eine etwas kleinere Höhle, die Ramayana Cave, werden 5RM (ca. 1 Euro) Eintritt verlangt. In dieser werden traditionelle Geschichten des Hinduismus in Form von Figuren erzählt.

Wenn Sie zu den Adrenalin-Junkies zählen, könnten Sie an einer geführten Klettertour an den Felsen der Batu Caves interessiert sein. Diese lassen sich online oder in Tourismusagenturen finden.

Nach dem Sie die den Weg aus der Stadt heraus bereits bewältigt haben, ist es nahe liegend, mehr von der Umgebung mitzunehmen. Wie wäre es mit einer Abkühlung nach dem Treppensteigen in einem Wasserfall? Knappe zwanzig Minuten Autofahrt von den Höhlen entfernt, liegt ein echter Geheimschatz! Für ungefähr 20RM (ca. 4 Euro) können Sie mit der Grab-Applikation ein Taxi zum "Templer Park" buchen. Die Eintrittsgebühr für den tropischen Regenwald beträgt 5RM (ca. 1 Euro). Bereits nach kurzer Wanderstrecke erreichen Sie die untersten Naturpools des siebenstöckigen "Kancing Wasserfalls".

Denken Sie daran, festes Schuhwerk zu tragen, wenn Sie diese Art von Erfrischung nicht verpassen wollen.

Um nicht die volle Strecke in die Innenstadt mit dem Taxi zahlen zu müssen, können Sie dies auf dem Rückweg auch nur bis zur Rawang KTM Station buchen und von dort aus mit den öffentlichen Verkehrsmitteln weiterfahren.

NOCH MEHR GEHEIMTIPPS

Ein bei Touristen eher unbekanntes, aber für die Malaysier unheimlich bedeutendes Stadtviertel, ist "Kampung Baru". Die Bahnstation trägt denselben Namen, der so viel wie "neues Dorf" heißt. Schon zu Kolonialzeiten und auch darüber hinaus, haben die ältesten Bewohner hier stets verweigert, sich den modernen Entwicklungen anzupassen, um ihren Lebensstil aufrecht zu erhalten. Es ist beeindruckend, zwischen den traditionellen Häusern die modernen Wolkenkratzer empor steigen zu sehen. Samstagabend findet hier immer ein authentischer Nachtmarkt statt und es gibt, egal an welchem Tag, gute malaysische Küche zu fairen Preisen. Das Kokos-

Reis Gericht Nasi Lemak, das auch als Nationalspeise angesehen wird, soll laut Kuala Lumpurs "locals" definitiv am besten in Kampung Baru sein.

Um noch einen Eindruck von dem modernen Leben der Hauptstadt zu bekommen, können Sie dem Stadtteil "Bangsar" einen Besuch abstatten. Über die namensgleiche LRT-Station ist das Viertel leicht zugänglich. Hier gibt es ebenfalls eine Bar-Meile, in denen hauptsächlich "locals" und europäischen "Expats" vom Alltag abschalten. Viele westlich-orientierte Cafés bieten eine angenehme Arbeitsatmosphäre und vegetarische Gerichte. Außerdem findet im "APW Bangsar" jeden Samstag von neun Uhr morgens umsonst einstündiger Yogaunterricht statt.

Dass sie vielleicht kein Schwimmbecken in ihrer Unterkunft inbegriffen haben, heißt nicht, dass Sie nicht trotzdem ein paar Bahnen schwimmen oder mit Ihren Kindern in der Hitze planschen können. Wenn Sie vom Hauptbahnhof die Rolltreppen zum KL Sentral Einkaufszentrum hochfahren, befindet sich zu ihrer Rechten ein direkter Verbindungstunnel zum "Aloft Hotel". Nehmen Sie den Fahrstuhl in das 24. Stockwerk, um zu Rooftop Pool und Bar zu gelangen. Diese sind auch für Nicht-Hotel-Gäste öffentlich. Zwar werden Sie nicht zwingend gedrängt, etwas zu kaufen, sollten es aus Höflichkeit aber tun. Das Menü besteht nicht nur aus alkoholischen und alkoholfreien Getränkeoptionen, sondern auch für den kleinen und großen Hunger ist vorgesorgt.

Für mehr gegenwärtiges Kulturerleben verpassen Sie nicht die "National Visual Art Gallery", die Sie über Monorail-Station "Titiwangsa" erreichen. Frei von Eintrittsgebühren werden hier verschiedene Kunstausstellungen, primär von jungen einheimischen Künstlern, geboten.

Im selben Umkreis werden im "Performing Arts Centre" Tanzshows sowie Theater- und Musicalstücke aufgeführt, die die malaysische Kultur repräsentieren. Meistens werden Spenden von 15RM (ca. 3 Euro) am Eingang gefordert.

Auch tagsüber ist in KL immer etwas los. Schauen Sie regelmäßig in den Veranstaltungskalender um keine der Flohmärkte, Aufrufe zu gemeinsamen Sportaktivitäten oder Mini-Festivals zu verpassen.

Haben Sie noch nicht genug vom Wandern in der tropischen Natur bekommen? Super, denn Kuala

Lumpur hält noch eine Menge weiterer Verstecke im Grünen für Sie bereit.

Beispielsweise gibt es im "Bukit Gasing Park" etliche Wanderpfade, die für verschiedene Level an Fitness geeignet. Die Bewegung an der frischen Luft und das friedlich spielende Orchester des Dschungels bieten den perfekten Ausgleich zum aufbrausenden Leben in der Stadt. Der Urwald, in dem sich sogar ein hinduistischer Tempel befindet, liegt in Petaling Jaya, einem Vorort der Hauptstadt. Steigen Sie aus der LRT an der Station Taman Jaya aus, um von hier aus ca. 15 Minuten durch die Nachbarschaft zum "Bukit Gasing Park" zu laufen oder nehmen Sie sich, je nach Präferenz, ein Taxi oder Grab.

Der "Bukit Tabur", etwa 30 Minuten Autofahrt vom Stadtzentrum entfernt, stellt eine etwas herausfordernde Variante dar. Die Aussicht von der Bergspitze ist die Anstrengung aber auf jeden Fall wert! Sie können die Stadt auf der einen Seite und die Spiegelung der idyllischen Landschaft in einem großen See auf der anderen Seite bewundern. Vor allem während dem Sonnenaufgang ist diese Szenerie einfach magisch. Daher wagen sich viele mutige Wanderer bereits auf den leicht nachvollziehbaren Pfad, wenn es noch dunkel ist. Planen Sie ca. zwei Stunden vom Startpunkt bis zum Ziel ein.

Auf Wiedersehen, KL!

Wie Sie sich wahrscheinlich denken können, hat Kuala Lumpur noch durchaus mehr zu bieten. Doch jede noch so schöne Reise muss irgendwann ein Ende finden und so auch dieses Buch. Vorher sollen Sie noch kurz und knapp von potentiellen Anschlussziele erfahren und wie Sie diese erreichen, vorausgesetzt Sie wollen mehr von Malaysia sehen.

Falls Sie zurück zum Flughafen müssen, stehen Ihnen dieselben Möglichkeiten wie bei der Anreise ins Stadtzentrum zur Verfügung. Der KLIA Express fährt vom Hauptbahnhof KL Sentral ab und der günstigere Bus von der Pudu Sentral Station in Chinatown. Auch Grab Fahrer freuen sich über die Langstreckenbuchungen zum KLIA. Bedenken Sie die lange Anfahrtszeit von einer Stunde, um Ihren Flug nicht zu verpassen. Empfohlen wird es, zwei Stunden vor Abflug anzukommen.

Um zu den anderen Orten in Malaysia zu gelangen, sind die Züge vom KL Sentral oder die komfortablen Busse vom TBS meist die preiswertere Option. Diese können Sie in der Regel problemlos vor Ort oder im Voraus mit der App "redBus" buchen.

BELIEBTE ANSCHLUSSZIELE

- Über die historische Besonderheit Melakas haben Sie im Kapitel über die Entwicklung Kuala Lumpurs bereits erfahren. Von der kleinen Hafenstadt trennen Sie nur knappe zwei Stunden Busfahrt. Somit lohnt sich auch ein Tagestrip von Kuala Lumpur alle Male. Außerdem bietet sich Melaka aufgrund der südlichen Lage für einen Zwischenstopp auf den Weg nach Singapur an. Kolonialgebäude und bunte Kunstwerke an den Gebäuden entlang des zentralen Flusses lassen sich bei einem ausgedehnten Sparziergang erkunden.

- Noch mehr Wandern können Sie auf den 14 Pfaden durch die Berglandschaft und Teeplantagen der Cameron Highlands, drei Stunden Busfahrt von Kuala Lumpur entfernt. Achtung! Hier ist es deutlich kühler und Sie sollten auf jeden Fall lange Kleidung und festes Schuhwerk mitnehmen.

- Noch weiter nördlich, eine insgesamt fünfstündige Busfahrt von der Hauptstadt entfernt, befindet sich Penang. Das unter den Briten entstandene Viertel "Georgetown" ist vor allem beliebt für Street Art. Außerdem ist hier der größte buddhistische Tempel Malaysias zu Hause und abseits der Stadt finden Sie Entspannung an Stränden.

- Von Penang aus können Sie die Fähre nach Langkawi nehmen. Die beliebte Ferieninsel hat postkartenwürdige Strände und Wasserfälle und es ist nur ein Katzensprung von Thailand entfernt.

- Ungefähr vier Stunden nordöstlich von Kuala Lumpur können Sie die Wildnis des weltweit ältesten tropischen Regenwalds "Taman Negara" genießen. Hier sind noch sehr seltene Tierarten, wie der

Malaysische Tiger oder asiatische Elefanten, in Ihrem natürlichen Habitat zu bewundern.

Im Jahr 2016 war Malaysia Platz 12 der meist bereisten Länder der Welt, darunter am häufigsten besucht wurde Kuala Lumpur. Viele Touristen, die zuerst in der Hauptstadt ankommen und dann die anderen Teile des Landes erkunden, kehren schließlich vorzeitig in die Hauptstadt zurück, um dort noch einmal ein paar Tage zu verbringen. KL kombiniert einfach alles, das nicht mit einander vereinbar scheint, so elegant miteinander, dass die Stadt einzigartig ist und bleibt. Langweilig kann es bei der pulsierenden Vielfalt gar nicht werden und auch mit Blick in die Zukunft ist keine Eindämmung der Metropole zu erwarten. Im Gegenteil, insbesondere was die kulturelle Identität angeht, erwacht die Stadt gerade erst so richtig und probiert sich immer mehr aus. Mit der wachsenden Globalisierung wird voraussichtlich ein internationales Lebensgefühl entstehen und von all den Bauwerken, die noch in Planung sind, müssen wir gar nicht erst anfangen. Die Entfaltung der Stadt bleibt spannend. Wahrscheinlich wird sie innerhalb der nächsten Jahre weitere enorme Veränderungen durchleben, sodass ein erneuter Besuch ein neues Abenteuer bedeuten würde.

Packliste

Geld & Finanzen

O (evtl.) Auslandswährung
O Bargeld
O Bauchtasche
O Brustbeutel
O Bauchtasche
O EC-Karte
O Kreditkarte
O Notfall-Telefonnummern der Banken
O Portmonee

Hygiene

O Haarbürste / Kamm
O Deo (klein)
O Shampoo
O Kulturtasche
O Sonnencreme
O Taschentücher

O Reise-Zahnbürste und Zahnpasta
O Verhütungsmittel

Kleidung

O Badeklamotten
O Gürtel
O Hosen kurz / lang
O Mütze / Cap / Hut
O Pullover
O Regenjacke
O Schlafanzug
O Socken
O Sonnenbrille
O Sportklamotten / Jogginghose
O T-Shirts
O Unterwäsche

Medikamente

O Blasenpflaster
O Anti-Durchfalltabletten
O Erste-Hilfe-Set

O Fiebertabletten
O Fiebertabletten
O Mückenschutz
O sonstige Medikamente
O Pflaster
O Kopfschmerztabletten

Unterlagen & Papiere

O ADAC Unterlagen
O Adresslisten für Postkarten
O Krankversicherungsnachweis
O Stadtplan
O Führerschein
O Unterlagen für die Unterkunft
O Wasserdichte Hülle für Reiseunterlagen
O Impfausweis
O Mietwagenunterlagen
O Personalausweis
O Reisepass
O Reisetagebuch
O evtl. Studentenausweis

O evtl. Visum
O Zug- / Bahn- / Flugticket

Taschen & Rucksäcke

O Koffer / Trolley / Reisetasche
O Regenhülle für Rucksack
O Rucksack

Schuhe

O Badeschlappen / Hausschuhe
O Schuhe und Wechselschuhe

Sonstiges

O Brille / Kontaktlinsen und Etui
O Buch zum Lesen
O Ohrenstöpsel und Schlafmaske
O Regenschirm
O Reisedecke
O Wasserflasche
O Wörterbuch

Elektronik

O Digitalkamera

O Handy

O Ladekabel

O Kopfhörer

O evtl. Steckdosenadapter

O Power-Bank

Herstellung und Verlag:
BoD – Books on Demand, Norderstedt
ISBN: 9783750487116

1. Auflage
Kontakt: Psiana eCom UG/ Berumer Str. 44/ 26844 Jemgum
Covergestaltung: Fenna Larsson
Coverfoto: depositphotos.com